Vom einfachen Finden des Glücks

Vincenzo Califano

Vincenzo Califano

Vom einfachen Finden des Glücks

Über den Sinn des Lebens

DeBehr

Herausgeber: Verlag DeBehr, Radeberg
Erstauflage: 2020
ISBN: 9783957537805

Inhalt

Vorbemerkung

Dies ist ein Buch über das Erwachen.

Es räumt mit vielen falschen Vorstellungen auf und erklärt, warum bis jetzt vielen Menschen das Erwachen so schwer erreichbar erschien.

Dieses Buch unterscheidet sich deutlich von anderen Büchern zu dem Thema.

Das liegt zum einen daran, dass es die scheinbare Kluft zwischen Spiritualität und Alltag, zwischen innerem Erleben und äußeren Ereignissen schließt.
Dadurch wird deutlich, dass ein Außen niemals von einem Innen zu trennen ist, und dass Erleuchtung keinen Widerspruch zu einem funktionierenden Alltag darstellt.
Beides ist untrennbar miteinander verbunden.

Zum anderen kann dieses Buch Menschen, die sich nach der Einheit sehnen, deshalb so perfekt unterstützen, weil mit unbezwingbarer Logik nachvollziehbar wird, dass das, was so viele Menschen suchen, bereits das ist, was sie zu finden hoffen: die Suche ist bereits das Gesuchte.

Das Erkennen dieser Wahrheit kann zu genau der tiefen Entspannung führen, die oftmals die Voraussetzung für das tatsächliche Erwachen ist.

Einführung

Vincenzo ist spiritueller Lehrer, Coach für Meditation und alternative Lebensberatung sowie für Institutionen. Außerdem gibt er Retreats, Live-Chats und Satsangs in Deutschland, Österreich und in der Schweiz. Auf der Webseite „*www.ohneeinzweites.com*" findet man dazu nähere Informationen.

Die Texte dieses Buches hat er aus untrennbarer Einheit mit allem, was ist, gesprochen. Seine klare und nachvollziehbare Art vermag es, die ewige Wahrheit, die in jahrtausendealtem Mysterienwissen lebendig ist, in einen zeitgemäßen Kontext zu bringen.

Mitwirkend für Textbearbeitung war Satya, Erkenntnistherapeutin, nahe Überlingen „*www.praxis-satya-marchand.de*". Sie hat die von Vincenzo gesprochenen Texte in eine schriftliche Form gebracht.

Die Worte von Vincenzo entspringen der Stille; deshalb haben sie die Kraft, den Leser in den unendlichen Raum der bedingungslosen Liebe zu führen.

Mensch sein heißt suchen

Was will der Mensch? Wonach strebt der Mensch? Was ist der Sinn des Lebens?

Das sind große Fragen, die vermutlich jeder unterschiedlich beantworten würde – alle möglichen Antworten weisen jedoch eine Gemeinsamkeit auf: alles Wollen und Streben begründet sich im Wunsch nach Glück. Jeder Mensch möchte glücklich sein.

Die Frage nach dem Sinn des Lebens wird wohl ebenso, je nach Persönlichkeit, unterschiedlich beantwortet werden – aber auch hier lässt sich sagen, dass Menschen, die glauben, den Sinn des Lebens gefunden zu haben und ihr Leben danach ausrichten, sich glücklicher fühlen, als solche, die diesen Sinn nicht erkennen können.

Ein Baby, das geboren wird, genießt die Nähe zur Mutter und zum Vaters, es vertraut darauf, dass es geborgen und geliebt ist, und sein natürlicher Zustand ist der von Freude und Glück.
Es hat keine Erwartungen und keine Ziele. Es erlebt sich als verbunden mit allem, was ist.

Ein Kleinkind erobert langsam seinen Lebensraum, es erlernt Fähigkeiten, um in der Welt zurechtzukommen, es lernt, Herausforderungen zu meistern und eine immer größere Selbständigkeit zu erreichen.

Ungefähr ab dem 3. Lebensjahr ist das Ich ausgebildet, und die energetische Kontraktion, die zur Identifikation mit dem Körper und den Gedanken führt, hat eingesetzt.
Ab diesem Zeitpunkt redet das Kind von sich nicht mehr in der dritten Person, sondern in der ersten.
Nun sagt es nicht mehr: Enzo hat Hunger, sondern *ich* habe Hunger, *ich* möchte essen.
Durch den Ich-Gedanken und der Identifikation mit diesem Gedanken, nimmt das Kind sich jetzt getrennt von allem anderen wahr.
Dadurch entstehen Gefühle von Unglück und Mangel und damit das Bedürfnis, nach Glück und Vollständigkeit zu suchen.

Es beginnt, Dinge haben zu wollen, weil es sich von deren Besitz Glück verspricht.
Erst möchte es Spielzeug oder besonders leckere Speisen haben, dann möchte es Freunde und vielleicht ein Haustier haben, und in der Jugend wirken Geld, Markenkleidung, coole Freunde und ein guter Schulabschluss erstrebenswert.

Der Erwachsene möchte einen perfekten Ehepartner, wohlgeratene Kinder, ein komfortabel eingerichtetes Haus, luxuriöse Reisen oder zum Lifestyle passende Autos.

Der alte Mensch will sich in guter Gesundheit sicher versorgt wissen und eine stabile Basis, auf der er seinen Lebensabend zu genießen hofft.

So verändern sich im Lauf des Lebens die Ziele, die Menschen meinen, erreichen zu müssen, damit sie glücklich sein können.

Ein Kind hat natürlich andere Vorstellungen vom Glück, als jemand im mittleren Lebensabschnitt, oder ein alter Mensch.

Sicherlich erkennst du an dieser Stelle, dass die beschriebenen Vorstellungen dir nicht gänzlich fremd sind.
Auch kannst du bemerken, dass das, was Glück verspricht, zwar die Namen ändert, aber immer dasselbe bewirken soll: Glück. Du willst glücklich sein. Du willst das Gefühl haben, dass nichts mehr fehlt, dass du angekommen bist.
Also strebst du nach Glück.

Das Glück scheint untrennbar mit dem Erreichen bestimmter Dinge oder Zustände verbunden zu sein. Bestimmte Attribute wie ein schönes Haus, ein schnelles Auto, eine erfüllte Partnerschaft und ein guter Job scheinen Möglichkeiten zu sein, dieses Glück zu erreichen.

Wenn du diese Dinge dann in dein Leben gebracht hast, erwartest du folgerichtig, dass sie dich glücklich machen und dass das Glück von nun an dein ständiger Begleiter ist.

Irgendwann aber wirst du feststellen, dass dies eine Täuschung ist.
Dir wird klar, dass all die glücksverheißenden Dinge das Glück nicht zu dir bringen und dass Glück im Außen niemals zu finden ist.

Dies zu erkennen, ist ein großer Fortschritt.
Denn nun brauchst du deine Aufmerksamkeit nicht mehr auf äußere Dinge zu lenken und kannst beginnen, das Glück in dir und in den sogenannten inneren Werten zu suchen.

In dieser Richtung findest du schon eher Lichtblicke, die dein Leben für eine gewisse Zeit erhellen können; letztlich führt aber auch dieser Weg am Glück vorbei.

Denn je mehr du dich vertiefst und je einsichtiger du wirst, desto eher wirst du auch dieses Streben nach Glück als Illusion erkennen.
Dann mag es sein, dass du deshalb mit der Suche nach dem Glück aufhörst.

In gewisser Weise suchst du dann aber trotzdem noch: dadurch nämlich, dass du nun mit der Suche aufhörst, wovon du dir versprichst, dass das Glück solcherart zu dir findet.

Zuerst suchtest du in der Außenwelt, dann suchtest du in der Innenwelt, und nun suchst du gar nicht mehr – aber selbst das ist auf subtile Art noch eine Suche.

Wenn das Glück sich offenbart, aus sich selbst heraus, dann ist auf einmal ein Erkennen da, das nichts mehr mit den Erkenntnissen eines Ichs zu tun hat.
Denn das Ich kann niemals das Glück erkennen und daraufhin ewig glückselig sein.

Das Ich ist ein gedankliches Konstrukt – und wie kann ein Gedanke glücklich sein?

Das Glück ist keine Errungenschaft und nichts, was sich durch Arbeit oder das Anwenden bestimmter Techniken herbeiführen ließe.

Es ist auch nicht so, dass das Glück kommt und irgendwann wieder geht.
Wenn du den Eindruck hast, dass es bei dir war und nun gegangen ist, dann ist es nicht fort.
Es ist lediglich verdeckt.
Es ließe sich auch sagen: Wenn du den Eindruck hast, dass das Glück nach einiger Zeit seiner Anwesenheit wieder verschwindet, dann bist du dazwischengekommen und hast es verdeckt.

Ähnlich einer dichten Wolkendecke, die die Sonne zu verdecken scheint, obgleich sie immer strahlt.

Wenn das Glück sich aus sich selbst heraus offenbart, dann geschieht das nicht, weil du an dir gearbeitet hast, weil du einer meditativen Praxis nachgegangen bist, oder weil du einem spirituellen Weg gefolgt bist.

Tatsächlich geschieht es aus sich selbst heraus, weil Glück alles ist, was es gibt.
Es gibt nichts anderes.

Wenn das Glück sich offenbart, dann weißt du, ohne es bewusst zu wissen, dass es nur Glück, Einheit, Liebe, Frieden gibt und dass dieses

Glück, diese Einheit, diese Liebe, dieser Frieden ein dynamisches Geschehen ist, das sich als „Welt“ zeigt.
Auf psychologischer Ebene entfällt damit dein Streben nach einem glücklichen Leben.

Dann ist das gesamte Leben das pure Glück, in all seinen unzähligen Erscheinungsformen.
Du gehst dann glücklich deiner Arbeit nach, bist glücklich in deinen Beziehungen und kannst deinen Körper beglückt erleben. Auf allen Ebenen bist du dann mit diesem Glück verbunden.

Natürlich wirst du weiterhin unterschiedliche Stimmungen haben, du wirst Höhen und Tiefen erleben, auf deinem Weg werden mitunter weiterhin Steine liegen.
Da aber das Glück dann deine unzerstörbare Basis ist, weißt du nun viel besser mit allen Herausforderungen umzugehen, und es stellt sich schneller wieder ein harmonisches Gleichgewicht, entsprechend deiner Bedürfnisse, ein.

Solange aber die psychologische Suche stattfindet, und solange du mit dem gedanklichen Ich identifiziert bist, solange wird dein Leben von Leid begleitet sein.

Wenn dramatische Ereignisse stattfinden, ist es in aller Regel so, dass der Mensch sich mit den Geschehnissen identifiziert, sodass daraus Leid entsteht.

Schmerzen sind in jedem Leben unvermeidlich – Leid hingegen nicht. Leid entsteht immer aus der Identifikation mit der eigenen Geschichte und den daraus folgenden Gedanken.

Wenn die Identifikation mit dem Leid ganz besonders groß ist, entsteht daraus der Wunsch nach mehr Leid, denn Leid wird von solchen Menschen als beglückend und freudvoll empfunden.
Der Wunsch nach Leid findet nicht im aktuellen Tagesbewusstsein statt, sondern geschieht aufgrund unbewusster Prozesse, die mit den Prägungen und Konditionierungen der frühesten Kindheit zusammenhängen.
Die krasseste Form dieser Perversion findet sich im Satanismus.
Für Menschen mit einem derartigen Grundmuster, ist es die pure Freude, das Leid für sich und andere zu vermehren.
Da diese Prozesse durch das Unterbewusstsein gespeist werden, entziehen sie sich einer bewussten Bearbeitung. Deshalb werden sie solange fortbestehen, bis das Licht der Erkennt-

nis einen kleinen Spalt findet, um dieses Dunkel zu erhellen.

Das, was wir Einheit nennen, ist das, was wir in Wahrheit alle schon sind.

Sobald das aus sich selbst heraus klar ist, gibt es nichts anderes mehr. Dann gibt es nur noch Einheit, und sie zeigt sich in unzähligen Formen und Zuständen: als Zweiheit, als Menschsein, als Alltag, als Universum, als Kieselstein.

Das Leben ist gedacht als eine Kaskade von Freude.

Babys und Kleinkinder zeigen das ganz deutlich: sie brauchen nicht nach Glück zu suchen, denn sie *sind* Glück. Sie leben im reinen Bewusstsein und haften an keinerlei gedanklichen Konzepten, die ihnen den Blick auf die Wirklichkeit versperren.

Alles, was bis zum 3. Lebensjahr passiert, sind Geschehnisse aus dem Einen heraus und werden als solche empfunden. Bis zu diesem Zeitpunkt ist das Leben ein Synonym für Glück.
Natürlich gibt es Säuglinge und Kleinkinder denen es sehr schlecht geht, sei es, weil sie unter schwierigen äußeren Bedingungen auf-

wachsen, sei es, weil die Eltern aus eigenen emotionalen Gründen die Bedürfnisse ihres Kindes nicht erfüllen können.
Aber das tiefe Wissen um die liebevolle Essenz allen Seins ist diesen jungen Kindern stets spürbar, sodass sie auch Schmerzen als Teil des menschlichen Lebens betrachten, ohne daraus ein Konzept des Leides zu entwickeln.

Bis zum 3. Lebensjahr ist das psychologische Streben nach Glück also nicht vorhanden.
Dieses Streben beginnt erst mit der energetischen Kontraktion, die Identifikation zur Folge hat. Ab dann wird das Kind zu einem Ich, zu einer Person.

Jede Nacht im Tiefschlaf endet die Identifikation. Auch in kleinen Abschnitten des Alltags, wenn selbstvergessenes Handeln oder einfach selbstvergessenes Dasein geschieht, kommt jeder Mensch ganz mühelos ohne den Ich-Gedanken zurecht.

Spätestens beim physischen Tod endet die Identifikation wieder, diesmal in einem gewissermaßen größeren Rahmen.

Da alles Sein ist und es außerhalb des Seins

nichts Zweites gibt, besteht zu jeder Zeit die Möglichkeit, dass du genau dies, trotz aller Umstände, zu erkennen vermagst.
Genauer gesagt wirst du es nicht erkennen, sondern es *sein*. Du wirst Frieden, Liebe, Einheit *sein*. Dann ist die Suche vorbei.

Allerdings wirst du es nicht so empfinden, als ob nun endlich die Suche vorbei ist.
Es wird dir stattdessen klar, dass es nie eine Suche gegeben hat. Es wird dir klar, dass es immer nur das Sein gab. Sein, das scheinbar als Suche passierte, und dennoch immer das Sein war.

Dann ist es nicht mehr nötig, dass du nach Glück strebst. Dein ganzes Leben ist dann Glücklich-sein.
Du brauchst dann nichts mehr zu suchen, denn du weißt, dass Suchen und Finden dasselbe Sein sind.
Dann ist dir das Sein als Mensch die reine Freude; du genießt es, dich mit Dingen zu beschäftigen, die dich interessieren, du freust dich, Probleme zu lösen und Herausforderungen zu bewältigen, und ohne die Blockaden von Angst und Misstrauen ist es dir möglich, anderen Menschen anteilnehmend und liebevoll zu begegnen.

Dieser Wandel des Bewusstseins kommt einer sanften Revolution gleich, denn er führt vom begrenzenden Eigennutz zum Mitgefühl mit aller Schöpfung und kann gänzlich neue Strukturen in der Welt entstehen lassen, die friedlich und dem Wohle zuträglich sind.

Die Auswirkungen einer solchen Geisteshaltung können sich in jedem Bereich deines Lebens zeigen, sei es in deinen privaten Beziehungen, im politischen Geschehen, in der Ökonomie, im Einsatz neuer Techniken und in allen Fragen der Ethik.

Alle deine Handlungen sind dann ein Akt der Liebe, und alles, was dir begegnet, zeigt sich dir als Einheit, die vor Freude und Lebendigkeit vibriert.

Die Entstehung der Welt

Die buddhistische Philosophie lehrt, dass die Welt Maya sei - eine Illusion.
Was bedeutet das?

Statt „Maya“ ließe sich auch „psychologische Welt“ sagen, und beides bedeutet, dass das, was du erlebst, eine Illusion und nicht die Realität ist.

Nun könntest du dich fragen, wie die Entstehung einer solchen Illusion überhaupt passieren kann. Und was haben Maya und eine psychologisch erschaffene Welt gemeinsam? Wie lassen sie sich miteinander verbinden?

Es hilft dir, wenn du dich nicht zu sehr auf Wörter und Begriffe konzentrierst, sondern diese lediglich als Mittel zur Kommunikation betrachtest. Deshalb ist es gut, wenn du dir immer wieder vergegenwärtigst, dass Einheit nur ein Wort ist. Du könntest ebenso gut Sein, Stille, Gott, Quelle, Urgrund, Frieden, oder Liebe sagen.
Einheit ist einer von vielen Namen für das, was namenlos ist, denn kein Name kann etwas Unbeschreibliches beschreiben.

Die Einheit ist absolut. Etwas Absolutes umfängt alles. Bliebe etwas übrig, wäre es nicht absolut.

Sprache aber umfängt niemals alles, denn für jedes Wort, das gewählt wird, werden andere Wörter nicht gewählt. Sprache ist dualistisch, und solcherart lässt sich unmöglich eine Ganzheit ausdrücken.

Gleichzeitig ist es aber so, dass auch die Wörter, die das Unbeschreibliche nicht zu beschreiben vermögen, dennoch und logischerweise auch die Einheit sind. Somit ist kein Wort besser oder schlechter als ein anderes Wort, und alle Wörter, die die Wahrheit nicht ausdrücken können - drücken sie trotzdem aus.

Wenn ein Säugling das Licht der Welt erblickt, langsam zum Kleinkind heranwächst und mit ungefähr 3 bis 4 Jahren ein Ich entwickelt, dann hat sich die Einheit scheinbar zurückgezogen.
Im Vordergrund ist dann ein Mensch, der ein gedankliches Ich konstruiert hat, was ihn die Einheit nicht mehr erleben lässt.

Ab dann hast du das Gefühl, ein Ich mit einem Namen zu sein. Du glaubst, du bist dein Körper, bist deine Gedanken, deine Handlungen und deine Gefühle. Du hältst das, was du bist, für einen Menschen und hast das Gefühl, in einer echten Welt und am Leben zu sein.

Natürlich sind in diesen frühen Jahren noch viel Freude und gelegentliche Einheitserfahrungen da, aber sie scheinen sich immer mehr zu verschließen.

Wenn ein Kind älter und langsam zum Erwachsenen wird, kann es so sein, dass diese Einheitserfahrung fast vollständig verschlossen ist. Je nach Mensch kann es dann zwar noch unterschiedliche Öffnungsgrade geben, aber die Identifikation wird dadurch nicht aufgelöst.

Ohne Identifikation wäre Erwachen kein Problem, denn dann wären es ja nur ein paar Gedanken, die behaupten: ich bin der Mensch, ich bin der Körper, ich bin das Denken.
Du bräuchtest also nur ein paar gegenteilige Gedanken solange zu denken und zu verfestigen, bis du ein neues Programm übernehmen kannst.

Aber durch die Identifikation wird der Ich-Gedanke auf einer ganzheitlichen Ebene energetisch gehalten, so dass du ihn zu 100 Prozent empfindest und glaubst. Affirmationen oder

NLP-Arbeit können gegen diese starke innere Überzeugung nichts ausrichten.
Ab diesem Zeitpunkt beginnt die Suche.

Es ist eine psychologische Suche, obwohl sie, bevor sie sich nach innen richtet, hauptsächlich im Außen, in der Welt der materiellen Güter, stattfindet.

Vor dem 3. Lebensjahr suchst du nichts, und du hast auch nicht das Gefühl, lebendig oder nicht lebendig zu sein, oder in einer echten oder unechten Welt zu leben. Du bist einfach da.

Danach aber wird das Gefühl der Einheit, der Ewigkeit und Unendlichkeit abgelöst von Gefühlen der Trennung, der Unvollständigkeit und des Mangels.

Zwangsläufig beginnst du dann, zu suchen, um das verloren geglaubte wieder finden zu können und damit zur Ganzheit zu kommen.

Du veränderst dich, wirst älter und zum Erwachsenen, stellst aber die Annahmen über dich und die Welt, die ja lediglich auf gedanklichen Konstrukten beruhen, keineswegs infrage. Im Gegenteil eignest du dir immer ausgefeiltere Methoden an, die es dir ermöglichen sollen, erfolgreich im Beruf, glücklich in Beziehungen und gesund in deinem Körper zu sein.

So vertiefen sich Strukturen, die durch Prägungen und Konditionierungen durch Eltern, Schule und Gesellschaft entstanden sind, immer mehr.
Diese Strukturen entspringen einer identifizierten Geisteshaltung und kommen aus dem Ego-Verstand.

Eine identifizierte Geisteshaltung bringt immer das hervor, was ihrer Quelle entspricht.
Das bedeutet zum Beispiel, dass du im identifizierten Zustand so viel Reichtum erschaffen kannst, wie du willst – die Quelle, aus der dein Reichtum entspringt, heißt dann Trennung, Unvollständigkeit und Mangel. Dir wird folglich immer etwas fehlen, es kann dir niemals genug sein.

Dass ein solches Erleben überhaupt möglich ist, hat mit Maya bzw. mit der Entstehung der psychologischen Welt zu tun. Beides sind andere Wörter für Illusion.
Wenn die Weisen sagen, die Welt sei unwirklich, dann meinen sie damit nicht, dass *du* un-

wirklich bist. Sie meinen auch nicht, dass die Bäume unwirklich sind, die Sterne am Himmel, oder das Buch, das du gerade in den Händen hältst. Dies alles ist durchaus wirklich.

Was die Weisen meinen, ist die Benennung und die gedankliche Interpretation all dieser Dinge, die du permanent vornimmst, seit das Ich geboren wurde.

Ramana Maharshi formuliert es sehr präzise, wenn er sagt, die Erscheinungen der Welt sind real, wenn sie durch das Sein erfahren werden und Illusion, wenn sie getrennt vom Sein wahrgenommen werden.

Wenn ein Säugling auf die Welt kommt, ist dies keine Geburt des Seins, denn das Sein kann nicht geboren werden. Das Sein ist ohne Zweites. Das, was ohne Zweites ist, lebt nicht, stirbt nicht und wandelt sich auch nicht.

Das, was mit dem 3. Lebensjahr geboren wird, ist das gedankliche Ich. Es ist die Geburt eines Namens, der zu einem Ich und zu einer Geschichte wird, die du dann zu 100 Prozent glaubst und für die Wahrheit hältst.
Und erst, seit dein gedankliches Ich geboren wurde, hast du das Gefühl lebendig und in der

Welt zu sein.
In Kindergarten und Schule wird dieses Gefühl bestätigt und verfestigt. Du lernst, dass dies hier die Erde ist. Du erfährst dass es viele andere Länder gibt und alle Dinge Namen haben. Dir wird immer selbstverständlicher, dass nur dann etwas wirklich ist, wenn es einen Begriff dafür gibt und wenn es zu messen ist.

Allerdings gibt es etwas, was kein Ding ist und deshalb keinen Namen hat.

Das ist das Sein.

Die Bäume, deren Blätter du rauschen hörst, die Sterne, in deren Anblick du dich versenken kannst, die Menschen, die dir begegnen und die Häuser, in denen sie wohnen – all das ist das Sein.
Diese Formen und Lebewesen sind Einheit, Frieden, Lebendigkeit, sie sind das Unbeschreibliche, sie sind das, was auch du bist. Reines Sein.

Das Sein passiert als die Welt, exakt so, wie sie ist, exakt so, wie du sie wahrnimmst.

Was dazwischen zu liegen scheint und dafür sorgt, dass du dich als getrenntes Wesen wahrnimmst und die Welt und dich nicht als Einheit empfindest, ist der Schleier, die Illusion, Maya.

In der psychologisch konstruierten Welt wird das Sein definiert als Etwas. Ein Etwas, das Anfang und Ende hat und vergänglich ist.
Das Sein wird damit zur Erde, zu Bäumen, Autos und zu Häusern. Diese Dinge werden mit Namen belegt, und mit den Namen tauchen die damit verbundenen Dinge auf.

Grundsätzlich ist das unproblematisch, denn es sind nur Konstruktionen aus Gedanken. Und Gedanken können die Wahrheit nicht verschleiern.
Allerdings können Gedanken geglaubt werden, und in diesem Fall scheinen sie die Wahrheit doch zu verschleiern, denn wenn du deinen Gedanken glaubst, verschließt du dich der Wirklichkeit.
Durch deine Identifikation mit einem gedanklichen Ich und durch die Namen, die du gibst, lebst du dann in einer Welt, die eine Illusion ist.
In dieser konstruierten Welt hältst du die Illusion für etwas Reales und Echtes.
Um überhaupt erkennen zu können, was echt ist, brauchst du zwingend den Gegensatz, das

Unechte. Und wo es echt und unecht gibt, gibt es auch verschiedene Geisteszustände, nämlich Bewusstsein und Unbewusstsein.
Im identifizierten Zustand wird dem Leben Bewusstsein zugeordnet, dem Tod hingegen nicht.

Das Leben scheint sich selbst zu erklären, und über den Tod gibt es verschiedene Theorien, von denen niemals eine einzige bewiesen werden kann, denn es ist unmöglich etwas zu beweisen, das es nicht gibt. So bleibt es bei Vermutungen.

Als die Weisen sagten, die Welt sei Maya, sei eine Illusion, wussten sie natürlich, dass dies nicht die Wahrheit ist.
Denn selbst der Schleier der Identifikation, der sich zwischen dich und das Sein legt, ist kein Hindernis, das Sein zu erkennen, denn auch dieser Schleier ist das Sein.

Obwohl die Weisen dies wussten, sprachen sie dennoch so, um einen Impuls zu geben und in eine Richtung zu weisen, in die du schauen könntest.

Es gibt nur das Sein.

Und es bleibt immer das eine Sein, auch wenn eine scheinbare Illusion sich dazwischen schiebt. Somit kann es jederzeit offensichtlich sein, fühlbar sein, offenbar sein, spürbar sein. Immer, wenn du deinen Fokus auf das Sein richtest, auf die fühlbare Einheit, scheint es so, als ob die Identifikation langsam nachlässt und das Sein immer offensichtlicher wird.

Es kann dann Phasen geben, in denen das gut funktioniert, und andere, in denen es weniger gut klappt. Unterstützend kannst du dich immer daran erinnern, dass deine Aufmerksamkeit die Realität gestaltet. Und wenn deine Aufmerksamkeit auf das fällt, was Realität ist, kann die Realität immer offensichtlicher, immer deutlicher werden.

Dies kann eine gewisse Zeit dauern, so dass es als Prozess geschieht.

Dein Erwachen kann natürlich auch plötzlich passieren, ohne Ankündigung, ohne dass du je einen spirituellen Weg beschritten hättest und ohne, dass du überhaupt etwas von Spiritualität wusstest.

In der Regel aber zeigt es sich als Weg, dem zu folgen sich über Jahre strecken kann.

Diesen Weg gehend, kannst du deine Aufmerksamkeit immer wieder auf den Frieden, die Einheit, das Sein richten.
Du kannst das bei deinen alltäglichen Verrichtungen tun, in deinen Beziehungen, bei deiner Arbeit, im Auto, in der Meditation – und dann kann, nach und nach, erkennen, dass das Sein, die Einheit, der Frieden niemals wirklich verdeckt oder verschleiert war.
Du siehst, dass es nichts je gab, gibt und geben wird, was nicht Sein, Einheit und Frieden ist. Dann fühlt es sich für dich so an, all das zu *sein* und es spüren zu können.

Das ist ein durchaus angenehmer Zustand.
Solange du allerdings noch Sein, Einheit und Frieden spürst, solange ist da noch jemand, der identifiziert ist, der wahrnimmt und der glaubt, die Einheit spüren zu können und sie zu vertiefen.

Das ist völlig in Ordnung.

Mit der Zeit aber kann das Gefühl nachlassen, dass du das Sein spüren und vertiefen kannst, dass du auf einem Weg bist und Fortschritte machst.
Denn je klarer dir wird, dass es nur das Sein gibt, desto weniger hast du das Gefühl, dieses

Sein zu spüren, zu fühlen und auf einem Weg zu sein.
Und je deutlicher es wird, dass es außer diesem einen Sein nichts anderes gibt und geben *kann*, desto weniger brauchst du dir immer wieder mental in Erinnerung zu rufen, dass der Baum ein gedankliches Konstrukt ist und die Welt einer psychologischen Schöpfung entsprang, die ab dem 3. Lebensjahr parallel zum Ich zustande kam.

Nach und nach erkennst du sogar, dass die Illusion selbst illusionär ist. Dass Maya oder ein Schleier zwar da zu sein schien, aber nie wirklich da war.
Alles, was nicht echt ist, fällt langsam ab - auch das Gefühl, dass etwas, das nicht echt ist, abfallen könnte.

Dieses Erkennen kann ganz unspektakulär geschehen: eben noch glaubtest du, das Sein zu erfahren und spürtest tiefsten Frieden – und plötzlich ist anstelle des Ichs, das den Frieden spürt, nur noch Frieden da. Ohne Ich.
Diese Erkenntnis offenbart sich aus dem Frieden selber, und eine vibrierende Lebendigkeit trägt diese Erkenntnis. Das ist die Erleuchtung.

Das gedankliche Ich kann niemals erwachen,

erleuchten oder irgendetwas erkennen.

Wenn das Ich sagt, es sei erwacht, ist dies Ausdruck seiner Identifikation, denn es meint damit, dass andere nicht erwacht sind.
Wenn das Ich sagt, es sei noch auf der Suche, ist auch das Ausdruck seiner Identifikation, denn es begreift sich noch nicht als das eine Sein.

Wenn es zu einer Verschiebung kommt, verschwindet das Gefühl, ein Ich zu sein, und es bleibt nur noch das Sein.

In dem Moment, da du dich als das Sein erkennst, offenbart sich, aus sich selbst heraus, das Wissen, dass du das, was du suchtest, das, was du glaubtest zu fühlen und zu vertiefen, schon immer warst.
Alles, was du dir als Suche in Erinnerung rufen könntest, ist bereits das Sein gewesen. Alles, was jetzt geschieht und was du dir für die Zukunft vorstellen kannst, ist das Sein. Es gibt nur Sein, das als Seher, Sehen und Gesehenes passiert.

Wenn die Identifikation vorbei ist, gibt es nur noch Freude ohne Grund und Glück ohne Ursache. In dieser bedingungslosen Liebe gibt es keine Suche mehr.

Vielleicht suchst du trotzdem noch eine Wohnung oder einen Partner. Vielleicht wirst du auch weiterhin ein gewisses Streben haben, das in deinem Charakter angelegt ist. Aber dieses Suchen und Streben erkennst du jetzt als das Sein, und damit ist es pure Freude und Liebe.
Es ist ein Tun im Nichttun und ein Nichtdenken im Denken.

Das wahre Leben hat keinen Anfang und kein Ende. Es ist ein unendliches Strahlen reiner Liebe.

Wenn Erwachen geschieht, kann vollständig erkannt werden, dass es nur das wahre Leben gibt. Nichts ändert sich, und gleichzeitig ist alles anders, weil alles als Sein erkannt wird.
Täglich scheint alles anders, und doch ist nichts je passiert.

Der Traum der Vergänglichkeit

Das gedankliche Ich, für das du dich hältst und mit dem du dich verwechselst, ist zuständig für die Erhaltung und den Fortbestand deines Traum vom Leben und der Vergänglichkeit.

Das bedeutet, dass du nicht das siehst, was wirklich ist, sondern die dich umgebende Wahrheit durch den Filter deiner Interpretationen wahrnimmst.

Du glaubst, was du denkst. Dadurch errichtest du, mit den Gitterstäben des Verstandes, dein eigenes Gefängnis.

Mit „du“ ist hier kein weiterer Gedanke gemeint, der sich mit dem Gedanken über das gedankliche Ich verwechseln könnte.

Mit „du“ ist das gemeint, was vor allen Gedanken bereits da ist. Das, woraus die Gedanken entspringen. Das, was es Gedanken überhaupt ermöglicht, zu geschehen.

Das ist das Sein, und du bist dieses Sein. Genauer gesagt: es *gibt* nur das Sein.

In diesem Sinne bist Du letztendlich natürlich auch deine Gedanken, denn da du das Sein bist, bist du alles und nichts.

Aber als das Sein, das du bist, geschiehst du auch als identifiziertes Sein. Und solange das, was du bist, als identifiziertes Sein geschieht, glaubst du einem Gedanken, der „Ich“ genannt wird.

Diesen Gedanken kannst du wahrnehmen.

Jedes Mal, wenn es dir gelingt, den Gedanken „Ich“ wahrzunehmen, bist du nicht mit ihm identifiziert. Denn das, was du wahrnimmst, kannst du unmöglich *sein*.

Das, was du beobachtest, bist du nicht, sonst könntest du es nicht beobachten.

Eine Kamera kann einen Baum nur deshalb ablichten, weil sie nicht der Baum ist – ebenso kannst du den Ich-Gedanken nur deshalb wahrnehmen, weil du nicht der Gedanke bist.

Dadurch, dass du den Gedanken wahrnimmst, kannst du dir wieder dessen bewusst werden, was du in Wirklichkeit bist. Dann weißt du, aus dir selbst heraus, dass es nur und ausschließlich das gibt, was du bist.

Dann erkennst du den Gedanken, den du gerade beobachtest, als das, was auch du bist, denn es gibt nur das.

In dem Wissen um die wahre Natur allen Seins, können deine Gedanken ihre Kraft und ihr kreatives Potenzial entfalten und damit ein segensreiches Resonanzfeld zum Wohle aller Lebewesen schaffen.

Solange du aber mit dem Ich-Gedanken identifiziert bist, glaubst Du, nur dieses spezielle gedankliche Ich zu sein, das sich mit seinem Körper, seinem Denken und Fühlen gleichsetzt. Dann ist Dir das Ich die Eintrittskarte in eine Traumwelt, in der es darauf ankommt, etwas zu tun, sich zu profilieren und in der es Leben, Leid, Vergänglichkeit und Tod gibt.

Das Ich ist also für den Fortbestand des Traumes von Leben und Tod unverzichtbar.

Dauerhaftes Glück kann es unter diesen Umständen niemals geben, denn etwas, das lebt, kann sterben, und etwas, was du dir mühsam aufgebaut hast, kann wieder zerstört werden.

Diese Tatsache kann sich in ein anhaltendes Gefühl von Angst, Stress und Überforderung verwandeln.

Buddhas Aussage, dass das Wirkliche nie aufhört zu sein, oder Jesus' Worte vom wahren Leben kommen dir dann paradoxerweise wie eine Illusion vor, obgleich die eigentliche Illusion deine Identifikation ist.

Du kannst diese Illusion nicht bekämpfen, dann das Ich, das die Illusion bekämpfen möchte, ist ja selbst Illusion.

Auch das Ich, das beschließt, die Illusion dann eben nicht zu bekämpfen, sondern sie einfach nicht mehr zu beachten, stärkt die Illusion damit indirekt, denn wenn man etwas nicht bekämpft, bestätigt man ja die Tatsache, dass es da etwas gibt, was man jetzt nicht mehr bekämpfen will.

Das Ich ist der Energielieferant für die gedankliche Welt, in der es Vergänglichkeit, Wandel und Leid gibt. Es kann, um zu sich selbst zu erwachen, weder etwas tun, noch nichts tun, denn Tun und Nichttun sind beides Bestandteile einer Traumwelt, die das gedankliche Ich konstruiert.

Allerdings gibt es einen Bewusstseinszustand außerhalb von Tun und Nichttun, in dem es möglich ist, das, was ist, einfach zu beobachten, wahrzunehmen und zu bezeugen.

Dieser Zustand ist das neutrale Gewahrsein.

Das, was ist, wird in seiner einzigartigen Individualität respektiert und ist frei von Projektionen.

In diesem neutralen Sehen findet das Ich keinen Raum mehr, in dem es aktiv oder passiv agieren könnte.

In diesem Gewahrsein und neutralem Sehen lässt sich eine Art Ausschlussdiagnostik machen: du kannst immer wieder erkennen, was alles du nicht bist – um dadurch zu wissen, was du wirklich bist.

Zu dem, was du wirklich bist, gibt es nichts Zweites mehr. Es gibt nur noch Einheit.

In dieser Einheit bist du die Welt. Darin bist du das Leben. Du bist das Denken, das Tun und das Nichttun. Es gibt es nur noch göttlichen Frieden, und du bist das. Alles geht in dem auf.

Das heißt nicht, dass die Welt dann nicht mehr da ist und du in dauerhafter Langeweile in einem leeren Raum schwebst.

Es heißt, dass du befreit bist, von der Illusion eines gesonderten Selbst.

Du erkennst dein wahres Wesen und das Einssein mit allen Dingen.

Im Zen heißt es: Vor der Erleuchtung Holz hacken, Wasser tragen. Nach der Erleuchtung Holz hacken, Wasser tragen.

Alles bleibt so, wie es ist, aber jetzt kann es erstmalig als das gesehen werden, was es wirklich ist.

Angst, Leid, Wandel, Tod und Vergänglichkeit verlieren ihren Schrecken, denn sie sind Ausdruck dessen, was auch du bist.

Alles, was sich zeigt, alle Formen, alle Dinge und alle Lebewesen sind das, was auch du bist. Ewiges Sein, ewiges Glück und ewige Freude.

Das Ich und die Suche nach dem Glück

Was ist es, das du wirklich willst?

Willst du am Leben sein? Gesund sein? Reich sein? Berühmt sein? Alles bekommen, was du dir wünschst?

Vielleicht findest du diese Fragen ganz überflüssig, denn es ist dir völlig selbstverständlich, all dies zu wünschen.

In Wirklichkeit aber ist es etwas völlig anderes, was du willst: du willst glücklich sein, und von allem, was oben aufgezählt wurde, erhoffst du dir, dass es dich glücklich macht.

Du glaubst, wenn du am Leben bist, kannst du glücklich sein. Du hast die Vorstellung, dass du dich glücklicher fühlst, solange du gesund bist, als wenn du Schmerzen hast und krank bist. Vom Reichtum versprichst du dir ebenso Glück wie von großer Beliebtheit und Ruhm.

Manche Menschen, die sich sehr unglücklich fühlen und mit diesem Gefühl stark identifiziert sind, können eine ganz eigene Version vom Glück entwickeln: sie beginnen, Gefallen am Leid zu finden.
Dies ist häufig bei Menschen der Fall, die eine schwere Kindheit hatten, in der sie keine Liebe

und Geborgenheit erfuhren, Nöte durchlebten und mehrfache Traumata erlitten.
Vielleicht haben ihre Eltern sie misshandelt, vielleicht wurden ihre Grundbedürfnisse nicht erfüllt, vielleicht lebten sie in ständiger Angst, hatten schockierende Begegnungen oder schmerzhafte Unfälle.

Durch diese Erlebnisse wurden sie so programmiert, dass sie Leid als als Synonym für Leben sahen. Leid ist in dieser Interpretation ein anderer Begriff für Leben; es ist dann das, was Leben bedeutet.

So kreieren diese Menschen ihr Leben lang immer wieder genau die Zustände, die ihnen vertraut sind, und das ist Leid und Unglück.

Werden solche Menschen gefragt, ob sie weiter leiden wollen, oder lieber sterben möchten, sagen die meisten, dass sie lieber leiden wollen, denn solange sie leiden, leben sie und solange sie leben, besteht noch Hoffnung.
Der Tod hingegen, der mit dem Nichts gleichgesetzt wird, macht ihnen Angst, sie sind nicht sicher, ob es sie dann überhaupt noch gibt. Auch das Glück ist dort vielleicht gar nicht zu finden – und so wählen sie immer das Vertraute. Das Leid.

Menschen, die von Beginn an Not erfuhren und Gewalt, Missbrauch und Unterdrückung erleben mussten, wurden dadurch auf das Leid förmlich konditioniert.

Dabei spielt es keine Rolle, ob sie Leid gezwungenermaßen, zum Beispiel durch nicht veränderbare äußere Umstände, ertragen mussten, oder ob es durch die Unwilligkeit oder Unfähigkeit ihres sozialen Umfeldes entstand.

Wenn sich die Lebensumstände dieser Menschen dann ändern und sie sich in einem friedlichen Umfeld wiederfinden, dass von Freude und Harmonie geprägt ist, dann werden sie von Unruhe getrieben, denn es fehlt die Leidens-Frequenz, die ihnen vertraut ist.

Jedes Elternpaar prägt sein Kind auf die tiefst mögliche Weise. Wenn Eltern mit ihrem Kind also in einer Beziehung leben, die von Leid, Schuld, Angst und Qual geprägt ist, dann wird das Kind sein ganzes Leben lang genau diese Zustände wieder zu finden versuchen, weil sie dem entsprechen, was sein Gehirn als „Liebe" verschaltet hat.
Natürlich würde ein solcher Mensch es nicht glauben können und immer protestieren, wenn

ihm erklärt würde, dass er gezielt Strukturen schafft und sucht, die seinen frühkindlichen Prägungen von Leid entsprechen. Da diese Prozesse aber unbewusst ablaufen, hat der Verstand keinen Zugriff darauf, und es regieren die Prägungen.

Durch jede Konditionierung und die Identifikation damit entsteht automatisch und unausgesetzt das Gefühl des Mangels. Etwas scheint immer zu fehlen, es ist nie genug. Irgendwo scheint ein Loch zu sein, das unmöglich zu füllen ist, und nie fühlst du dich glücklich und erfüllt.

So beginnt, wie selbstverständlich, die Suche nach dem Fehlenden.

Interessanterweise spielt es in gewisser Weise keine Rolle, ob du in deiner Kindheit eine liebevolle Begleitung in angenehmen Umständen genossen hast, oder ob du in Verhältnissen aufgewachsen bist, die dir unzuträglich und deiner Entwicklung hinderlich waren – in beiden Fällen funktionierst du wie eine Maschine. Du bist programmiert, mit dieser Programmierung identifiziert, und deshalb gehst du ihr unbewusst zu 100 Prozent nach. Du kannst gar nicht anders. Denn solange du mit deinen kon-

ditionierten Gedankengängen und deiner Vergangenheit identifiziert bist, beeinflusst du deinen Körper und dein gesamtes Umfeld entsprechend dieser Konditionierungen.
Das, was du denkst, wird deine Realität. Und natürlich kannst du nur in der Weise denken, in der du empfindest.

Wenn du also das Gefühl hast, dass du ein isoliertes Individuum bist, in einer Welt lebst und dich permanent mit Gefühlen von Verlust und Mangel konfrontiert siehst, dann wirst du versuchen, diese unangenehmen Empfindungen in irgend einer Weise zu kompensieren.
Oft geschieht das durch die Anhäufung von materiellen Gütern.

Du überlegst dann vielleicht, ob du glücklicher sein könntest, wenn du dir einen Sportwagen kaufst oder auf deiner Yacht mit deinem perfekten Partner eine gute Figur machen würdest.

Natürlich ist es völlig in Ordnung, teure Autos zu fahren und elegante Boote zu lenken.
Das steht der Erleuchtung nicht im Weg. Es ist allerdings so, dass der Sportwagen und die Yacht dich nicht befriedigen können. Nicht, weil sie schlecht sind, sondern weil du dir et-

was von ihnen versprichst, was sie dir nicht geben können.

Sportwagen und Yacht sind das Sein – dasselbe Sein, das du bist – aber solange es sich nicht offenbart, solange du dich nicht als das Sein erlebst, können weder Sportwagen noch Yacht dich glücklich machen.

Es geht in keiner Weise darum, Geld oder materiellen Überfluss für schlecht zu halten und sich stattdessen in Askese spirituellen Praktiken zuzuwenden.
Überfluss und Askese sind letztlich dasselbe.

Vielmehr geht es darum, zu erkennen, was du bist. Es geht darum, dass du dir deiner wahren Natur bewusst wirst.
Wenn du dich also nach und nach als das Sein zu begreifen lernst, dann wirst du ganz selbstverständlich auch als das Sein denken, fühlen und handeln.
Dann ist dein Umfeld nicht länger die Spiegelung deiner Prägungen und Konditionierungen, sondern die Spiegelung des Seins, und das Sein ist Einheit, Liebe und Glückseligkeit.

Dann kann die Vergangenheit dich nicht mehr greifen. Es spielt dann keine Rolle mehr, ob das, was dir beigebracht wurde und das, was dir passierte, hinderlich oder förderlich waren. Du kannst dann erkennen, dass es nur eine Geschichte war, die du für dein Leben gehalten hast. In dieser neutralen Betrachtung geht sie in dir auf und wird zu dem, was du selbst bist: bedingungslose Liebe, Einheit, Freiheit, Glück.

Auf diese Weise wird in der Gegenwart alles geheilt, auch das, was in der Vergangenheit war und das, was in der Zukunft noch kommen wird.

Denn die Vergangenheit ist vorübergegangene Gegenwart, und die Zukunft ist kommende Gegenwart. Vergangenheit und Zukunft sind lediglich mentale Konzepte, es sind Gedanken, die verdecken, dass es einzig die Gegenwart gibt, die der Raum ist, in dem alles stattfindet, und die das ist, was du bist.

Es ist wichtig, zu verstehen, dass es nicht die äußeren Umstände sind, die dich suchen lassen. Dass es auch nicht die äußeren Umstände sind, die dich glücklich oder unglücklich machen.
Das, was dich suchen lässt und für deine Gefühle von Glück oder Unglück zuständig ist,

ist das Nichtwissen dessen, was du wirklich bist.

Das, was du wirklich bist, ist das Sein.

Das Sein kontrahiert zu einem Ich-Gedanken und zu einer Identifikation mit diesem Gedanken. Das Glück, der Frieden, die Freude treten solcherart in den Hintergrund. Das aber, was scheinbar in den Hintergrund tritt, ist das, was du in Wirklichkeit bist: Glück, Frieden und Freude. Und nichts auf der Welt kann etwas wieder hervorbringen, was in Wahrheit niemals verloren ging.

Selbst wenn du leidest und mehr Leid haben möchtest, weil du dich mit dem Leid identifiziert hast, kann das Zunehmen des Leides nicht den Zustand des bedingungslosen Glücks herbeiführen.
Der Mensch irrt, solang er strebt, sagt Goethe. Damit ist keineswegs gemeint, dass das Streben an sich etwas Tugendhaftes ist und Irrtümer zum Streben gehören, wie Späne zum Hobeln.

Gemeint ist damit, dass das Streben an sich ein Irrtum ist. Denn ganz egal, ob nach Leid, oder nach Glück gestrebt wird, nach Reichtum, oder nach Erkenntnis, es spielt keine Rolle. Jedes Streben stärkt das Ich.

Handeln aus einem identifizierten Denken heraus erschafft immer das, aus dem es entspringt: Identifikation und Leid.
Das ist tragisch, denn mit dem Versuch, dem Leid aus dem Weg zu gehen, wird es gerade erschaffen. Jesus veranschaulichte dieses geistige Gesetz mit seinen Worten: dir geschehe nach deinem Glauben.

Glücklicherweise aber gibt es etwas in dir, das ahnt oder sogar weiß, dass es einen anderen Zustand als den jetzt empfundenen gibt, denn vor deinem 3. Lebensjahr fand ja noch keine energetische Kontraktion statt, und du hast im Empfinden der Einheit gelebt.

Die Erinnerung darin kann in dir den Wunsch und die Sehnsucht nach diesem anderen, alternativen Bewusstseinszustand entstehen lassen.
So lässt sich ja auch deine unablässige und oft anstrengende Suche begründen: das, was du einst wusstest und jetzt noch ahnst, möchtest du wiederfinden können.

Es scheint allerdings eine gewisse Zeit und einige Fehlschläge zu benötigen, ehe erkannt werden kann, dass eine Suche im Außen niemals zum Ziel führt.

In der Welt der Formen und Erscheinungen kannst du suchen, solange du willst - du wirst das, wonach du dich sehnst, niemals dort finden.

Doch es kann jederzeit eine Art Umschaltung oder Verschiebung geschehen. Entweder spontan oder allmählich, nach und nach.

Auf intellektueller Ebene ist es kein großer Unterschied, ob die Welt so ist, wie sie ist und du sie als echt empfindest – oder ob die Welt so ist, wie sie ist und vom Ego als letzte Wirklichkeit vermutet wird.
Für den Verstand sind Freude, Liebe, Einheit und Ewigkeit lediglich Begriffe, die er mit einer gedanklichen Vorstellung von den dazu passenden Gefühlen versieht.

Wenn du dich zu 100 Prozent als Ich empfindest und dir lediglich aus intellektuellem Verstehen sagst, dass in Wahrheit alles Eins ist – dann ist das bedeutungslos, denn du nimmst es nicht so wahr.
Wenn aber das Einssein offenbar wird und dein energetisches Gefängnis zusammenbricht

– dann ist der Unterschied zwischen dem wahren Wissen und dem vorherigen konzeptuellen Wissen so unfassbar groß, dass es nicht einmal anzudeuten ist.
Dann ist klar, dass es nur das gibt, was Jesus das ewige Leben nennt - Einheit, Glück, Freude, Frieden und bedingungslose Liebe.

Diese Offenbarung kann in jedem Augenblick geschehen, denn jeder Augenblick hat dasselbe Potenzial. Vergangenheit, Gegenwart und Zukunft sind in Wahrheit das Sein. Das eine absolute Sein, als das du dich selbst spürend weißt.

Dann brauchst du nichts mehr zu suchen und nichts mehr anzustreben. Und das, was du einmal angestrebt hast, brauchst du nicht mehr zu bewerten, denn auch das war das Sein.

Es gibt nur Eins-Sein.

Ob das Eins-Sein sich dann als Yacht-Sein, als Sportwagen-Sein oder als spirituell-Sein zeigt, ist belanglos, denn alles ist das, was du gesucht hast.
Das, was du als Hindernis betrachtet hast, Dinge, von denen du enttäuscht warst, weil sie dir nicht gaben, was du dir von ihnen erhoff-

test - das alles ist dann aufgegangen im Sein, in der bedingungslosen Liebe, die die einzige Wahrheit ist und die das ist, was du bist.

Die Konzeptkrankheit

Nachdem du bis hierhin gelesen hast, wirst du jetzt ein erweitertes Verständnis dafür entwickelt haben, was es heißt, ein Mensch zu sein.

Du kannst nun verstehen, warum die Welt als psychologisches Konstrukt, als Maya oder Illusion bezeichnet werden kann.
Immer deutlicher wird dir, dass dieses komplexe Konstrukt sich letztlich aus einem einzigen Gedanken speist, der „Ich“ heißt.

Mit diesem Gedanken verwechselst du dich.

Solange du das tust und dich für diesen Ich-Gedanken hältst, sorgst du dafür, dass er täglich aktiviert wird und damit die Illusion der Traumwelt aufrecht erhält.

Gleichzeitig wird dir nachvollziehbar, warum dieses intellektuelle Geschehen kein Problem ist und dich nicht von der Wahrheit trennt.

Zusätzlich weißt du nun, wonach all dein Streben und Suchen ausgerichtet war, wohin es dich bringen sollte – zum Glück. Du willst glücklich sein.
Dieser Wunsch ist völlig in Ordnung, normal und natürlich - allerdings weißt du jetzt, dass er sich durch Bemühungen oder Suchen nicht

erfüllen lässt und tragischer weise dein Empfinden von Leid sogar verschärfen kann.

Damit bist du jetzt bereit, zu erkennen, was es bedeutet, nach Lösungen zu streben und siehst die Begrenztheit jeden Verstandes, mag er auch noch so brillant sein.

Alles Streben nach Lösungen ist wie eine Art Konzeptkrankheit. Der Konzeptkrankheit entspringt der Impuls, nach etwas streben zu wollen. Dieser Impuls setzt voraus, dass du dich für ein Ich hältst und damit für ein vom Rest der Welt getrenntes Wesen; jedes Streben entspringt also immer dem identifizierten Ego-Verstand.

Das Ich ist aber nur ein Gedanke. Und das, was du wirklich bist, kann diesen Gedanken erkennen. Das weißt du inzwischen.

Aber in dem Moment, wo das, was du wirklich bist, scheinbar überlagert wird von dem, was du nicht bist – wo also das Sein scheinbar in den Hintergrund tritt und das Ego sich für die Wirklichkeit hält – bist du in der Welt der Täuschungen.

So ist es durchaus möglich, dass du auf der

weltlichen Ebene vieles erreichen konntest, deine Bemühungen zielführend wirkten und deine Anstrengungen sich zu lohnen schienen. Andererseits hast du aber auch immer wieder schmerzhafte Enttäuschungen hinnehmen müssen, und der stete Wechsel von angenehmen und unangenehmen Ereignissen konnte dir kein Gefühl von Stabilität und verlässlicher Beständigkeit geben.

Solche oder ähnliche Erfahrungen sind in den meisten Fällen der Grund dafür, dass Menschen sich auf einen spirituellen Weg begeben.

Auf diesem Weg verändern sich die Prioritäten, und so lautet die Fragestellung dann auch nicht mehr, was du im Außen erreichen kannst und welche weiteren materiellen Besitztümer du brauchst, um glücklich zu sein, sondern nun beginnst du nach Innen zu schauen, dich zu beobachten und zu erforschen, um dort nach dem wahren Glück zu suchen.

Vielleicht begegnest du einem spirituellen Konzept, das dich darauf hinweist, dass du nicht deine Gedanken bist. Das beginnst du zu verinnerlichen, und jedes Mal, wenn du dich dabei ertappst, dass du Gedanken hast, die dich beschweren oder beunruhigen, kannst du dich daran erinnern, dass du ja nicht deine Gedanken bist.

Solcherart wird deinen Gedanken die Energie entzogen, denn kein Gedanke kann ohne die Aufmerksamkeit, die du ihm schenkst, überleben.

In der Stille, die immer dann entsteht, wenn deine Gedanken zu lärmen aufhören, kann sich dasjenige offenbaren, was immer schon da war: die Liebe, das Einssein und der Frieden.
Und obgleich es immer schon da war, konntest du es bislang nicht wahrnehmen, da du fast all deine Energie in das Denken und Glauben deiner Gedanken investiert hast.
Damit hast du unaufhörlich die Illusion der Traumwelt genährt.

Im Idealfall würde der Weg des disziplinierten Beobachtens deiner Gedanken dich zu einem übergangslosen Übergang führen.

Wahrscheinlich aber wirst du schnell merken, dass, trotz all deines Übens, die wirklich stillen Augenblicke nur sehr kurz sind.
Du möchtest aber unbedingt mehr von diesen wunderschönen Momenten haben, denn all deine anderen Erfahrungen verblassen dagegen

und verlieren deutlich an Reiz.
Vermutlich beginnst du deshalb, bestimmte Techniken zu erlernen, die es dir ermöglichen sollen, diese kurzen Augenblicke auszudehnen.

Vielleicht bemühst du dich darum, täglich eine bestimmte Zeit still zu sitzen.
Diese Zeit kannst du allmählich ausdehnen, und es mag dir so vorkommen, als sei der Frieden, in den du während des stillen Sitzens eintauchst, eine Sache, die du fühlen, vertiefen und halten kannst.

Was dich zusätzlich zu einem Ausbau deiner Techniken motivieren kann, ist die Tatsache, dass es am Anfang sehr schwierig ist, länger als ungefähr 20 Minuten im Frieden zu verweilen. Spätestens dann kommen dir ständig Gedanken, Ängste und Sorgen in die Quere, die deinen Frieden verhindern.

So könntest du eine weitere Technik - die des Zulassens - erlernen, die dich lehrt, den Verstand einzusetzen, um den Verstand auszuschalten.
Das klingt im ersten Moment wie ein Widerspruch, ist aber tatsächlich eine Möglichkeit, den Kopf zu leeren.

An dieser Stelle ist es wichtig, dich erneut daran zu erinnern, dass jeder Gedanke nur ein Gedanke ist, dass der Verstand nur ein Gedanke ist, und dass der Denker nur ein Gedanke ist.

Du kannst also einen Gedanken benutzen, um zu denken, dass du deine Aufmerksamkeit jetzt auf einen ganz bestimmten Bereich innerhalb deiner Sinneswahrnehmung fokussieren möchtest. Du kannst dich zum Beispiel auf das Zwitschern eines Vogels konzentrieren.
Damit fokussierst du deine gesamte Gedankenenergie auf einen einzigen Punkt, was zur Folge hat, dass auch die Teile deiner Energie, die ansonsten verstreut sind, dir jetzt vollumfänglich zur Verfügung stehen.
In diesem Moment ist die ganze zurückgewonnene Präsenz als Sein, als Einheit, als lebendig vibrierender Frieden spürbar.

Sein, Einheit und Frieden sind natürlich immer da, allerdings haben deine Denkgewohnheiten bisher so davon abgelenkt, dass du sie nicht mehr wahrgenommen hast.
Wenn du diese Aufmerksamkeitsübung eine Zeitlang praktizierst, wirst du bemerken, dass deine Energie sich nicht konstant auf einem Niveau hält; sie wird in ein Wellental fallen,

sich verstreuen, kaum wahrnehmbar sein und dann, durch erneute Konzentration, wieder spürbar werden.

Bei all diesen Praktiken bleibt aber immer noch ein letzter Gedanke als Kontraktion übrig, so dass du nach wie vor das Gefühl hast, ein Zentrum zu haben, ein Jemand zu sein, der das alles empfinden, wahrnehmen und beschreiben kann.
Dennoch ist dies schon ein sehr angenehmer und spirituell bewusster Zustand, der deinem Leben bereits eine gute Qualität gibt.

Die Methoden, die du nutzen kannst, um deine Energie zu bündeln und sie dir damit gezielt verfügbar zu machen, sind sehr vielfältig.

So kannst du zum Beispiel mit deinen Chakren arbeiten, mit unterschiedlichen Atemtechniken experimentieren oder dich dem Klang von Mantras hingeben.

Alle Methoden dienen dem gleichen Zweck. Sie sollen deinen unruhigen Geist beruhigen, sodass die lärmenden Gedanken allmählich stiller werden und wie aus einer Distanz wahrgenommen werden können.
Durch das Beruhigen deiner Gedanken erhöhst

du aber nicht nur auf sehr angenehme Weise dein gesamtes Wohlbefinden, sondern beginnst gleichzeitig die Kontraktion zu lösen, die durch deine Gedanken und die Identifikation mit diesen Gedanken entstanden ist.

Der allerletzte kleine Schritt allerdings, der zum Verschwinden des Gefühls führt, jemand zu sein, kann nicht bewusst getan werden.
Er wird passieren, oder er wird nicht passieren.

Dass sich ein ersehntes Ziel trotz all Deiner Bemühungen nicht erreichen lässt, mag ernüchternd klingen, denn alle Methoden, die du zur Anwendung bringst, vermitteln ja durchaus den Eindruck, dass du etwas zur Wunscherfüllung tun kannst.
Aber den letzten Schritt kann das Denken nicht mehr bewusst tun.

Da sich aber dein Glücksempfinden und deine Lebensqualität bereits erheblich gesteigert haben, da du immer mehr zu dir selbst gefunden hast und dank deines konsequenten Praktizierens immer müheloser in den Frieden und die Stille kommst, wirst du dich nach und nach von Techniken und Methoden abwenden.
Denn sie haben ja ihren Zweck erfüllt.
Solcherart kann es passieren, dass du plötzlich

eine neue Einsicht bekommst, nämlich die, dass du eigentlich nichts tun kannst.
Erst dachtest du, du kannst in der Welt und im Außen suchen, um dort das Glück zu finden.

Dann dachtest du, du kannst spirituelle Konzepte anwenden, die den Frieden hervorbringen. Aber noch während du dachtest, dass du gerade etwas tust - ist es schon von selbst passiert.
Wenn du beispielsweise die Vorgänge deines vegetativen Nervensystems regeln müsstest – oder auch nur einen einzigen Atemzug selbst organisieren müsstest, dann wäre dein Körper keinen Tag alt geworden.
Dir dies zu vergegenwärtigen, ist gut geeignet, die Selbstverständlichkeit zu hinterfragen, mit der du dich bislang als „Regisseur des Lebens" gesehen hast.

Aus der Einsicht heraus, dass du nichts tun kannst, kann ein Konzept folgen, das dich beschießen lässt, von nun an gar nichts mehr zu tun, da sowieso alles von selber passiert.
Möglicherweise wirst du daraufhin alles etwas entspannter sehen. Vielleicht wirst du noch das Bedürfnis haben, dieses oder jenes gern tun zu wollen, aber du wirst keinen Zwang mehr verspüren, etwas unbedingt schaffen zu müssen,

oder deine Leistungen durch hartes Training stets zu optimieren. Eher werden Empfindungen von Leichtigkeit und Gelassenheit dich begleiten.

So können die Jahre vergehen, aber die gedankliche Grundkontraktion, die dazu führt, dass du dich für einen Menschen hältst, besteht nach wie vor.
Dadurch ist das absolute Wissen, die absolute Wahrheit - was gleichzeitig das absolute Glück bedeutet - immer noch teilweise blockiert.
Zwar fühlen sich mittlerweile die meisten Geschehnisse gut an, aber irgendwie ist es doch noch nicht genug.

Also wirst du weiterhin auf der Suche sein, auch wenn dein Vorgehen sich insgesamt verfeinert hat. Du wirst vielleicht weiterhin spirituelle Bücher lesen, spirituelle Lehrer aufsuchen, Achtsamkeit praktizieren, auf deine Ernährung achten und nicht mehr alles glauben, was die Gesellschaft dir als normal und erstrebenswert vermitteln möchte.
Allerdings weißt du ja schon, dass du nicht der Regisseur deines Lebens bist.
Du erkennst mittlerweile, dass es lediglich Gedanken sind, die dir dies suggerieren und dich damit glauben machen, dass du etwas tun

kannst. Und dass es auch nur Gedanken sind, die behaupten, dass du nichts tun kannst.
Beides sind Gedanken, und Gedanken haben nichts mit der Realität zu tun.

Plötzlich kannst du erkennen, dass du, wenn du alles von dir Gedachte nicht bist – weil alles Gedachte nur Illusion ist – dann sehr tief und sehr eins mit der Wahrheit sein musst.

Nur eine Winzigkeit scheint noch zu fehlen, denn das, was Einheit ist, scheint noch nicht zur Gänze offenbar.

So kannst du dich wie in einer Art Niemandsland fühlen. So, als seist du irgendwo zwischen Etwas und Nichts.
Dieser nicht genau zu definierende Zustand fühlt sich sehr angenehm an, und du kannst dein Leben genießen. Deine Arbeit kann dir Freude machen, deine Beziehungen können sich harmonisieren und dich beglücken, deine Erfolge können dich erfreuen und Widrigkeiten und Rückschläge können ohne inneres Aufbegehren zugelassen werden.
Es ist ein Zustand von bedingungsloser Liebe und bedingungsloser Akzeptanz.
Und dennoch ist noch ganz subtil ein Grundzentrum vorhanden; es gibt noch eine Instanz,

die sich all dessen bewusst ist und alles Geschehen bezeugen kann.
Das kannst du erkennen. Ändern allerdings kannst du es nicht und willst es auch nicht.
Denn du weißt, dass das keinen Sinn ergäbe, da es keinen Jemand gibt, der etwas ändern oder nicht ändern könnte.

Und genau dann kann es passieren, dass dieses allerletzte Zentrum verschwindet und in der Einheit aufgeht.
Dann bist du wieder da, wo du bis kurz vor deinem dritten Lebensjahr warst: Zuhause.
Dann ist es nicht mehr so, dass du die Einheit spürst, vertiefen möchtest und zu halten versuchst - dann *bist* du die Einheit.

In dieser Art kann ein Erwachens-Prozess verlaufen. Natürlich ist jedes Erleben individuell und von Mensch zu Mensch unterschiedlich – aber an diesem modellhaft beschriebenen Verlauf lassen sich die verschiedenen Stationen des Prozesses, mit allen scheinbaren Rückfällen, Fortschritten und Stagnationen, gut nachvollziehen.

Die unterschiedlichen Zustände, in denen du glaubtest, etwas tun und haben zu können, oder, im Gegenteil, nichts tun und nichts haben zu können – sind ein deutliches Symptom der Konzeptkrankheit.

Konzeptkrankheit bedeutet immer, dass du deinen Bewusstseinszustand mit der Realität verwechselst und dich nur von dem angezogen fühlst, was deinem derzeitigen Bewusstseinszustand entspricht. Alles andere nimmst du nicht wahr oder lehnst es ab.

Auf jedem Weg setzt du dich ja mit Lehren auseinander, die aufgrund ihrer Aussagen zu teilweise grundverschiedenen Forderungen gelangen.
Da du unmöglich die Gebote aller Lehren befolgen kannst, musst du dich für eine entscheiden.

Dabei führt es natürlich zu großer Verunsicherung, wenn du einerseits erfährst, dass es zum Erreichen deines Glücks Disziplin und Willensstärke braucht und du, ohne dich anzustrengen und etwas zu tun, nicht weiterkommst – und andererseits hörst, dass es gar nicht in deiner Macht steht, irgendetwas zu tun.

Die aus einer solchen Widersprüchlichkeit entstehende Verwirrung kann deinen Leidensdruck immens erhöhen und sogar dazu führen, dass dir jede Motivation zur Beschäftigung mit Spiritualität verloren geht.

Ein weiteres Symptom der Konzeptkrankheit kann sich darin äußern, dass du das Bedürfnis hast, einen Standpunkt zu vertreten, der nur bestimmte Aussagen und Grundsätze zulässt, während du andere Sichtweisen ablehnst, weil sie nicht deinem momentanen Verständnis entsprechen.
So kann es passieren, dass du durch die Identifikation mit bestimmten mentalen Konzepten ungewollt die Ich-Identität stärkst.
Vor allem siehst du durch die Identifikation mit einzelnen Fakten nicht den roten Faden, der alle Fakten und alle Sichtweisen miteinander verbindet und der immer wieder verdeutlicht, dass es nur das Eine gibt, dass sich scheinbar als Zwei zeigt.

Die schmerzvolle Ungewissheit aber, die aus der Konzeptkrankheit erwächst, kannst du konstruktiv nutzen, indem du das Gefühl der Unsicherheit wie einen Kompass benutzt.
Tauchen Unsicherheit und Ratlosigkeit auf, kannst du erkennen, dass du auf dem falschen Weg bist.

Leid hat nicht die Funktion, dich zu quälen,

sondern ist da, um dir zu signalisieren, dass es einen besseren Weg gibt, als den, auf dem du dich gerade befindest.
Sobald du eine entsprechende Kurskorrektur vornimmst, wird sich ein Wohlbefinden einstellen, an dem du erkennen kannst, dass du nunmehr in der richtigen Richtung unterwegs bist.

Ganz natürlicherweise hast du bestimmte Vorlieben und Abneigungen. Sie liegen in deiner Charakterstruktur begründet und sind völlig in Ordnung.
Es ist auch unvermeidlich, dass du bestimmte Konditionierungen erworben hast und deine Lebensweise, die Gestaltung deines Umfeldes und der Umgang mit vielen Themen dieser Konditionierung entsprechen.

Und während du entsprechend deiner Prägungen und Konditionierungen beurteilst und handelst, kannst du gleichzeitig die psychologischen Strukturen beobachten, die dich dazu bringen, Standpunkte zu beziehen, von denen aus dir das Eine richtig und das Andere falsch vorkommt.

Durch die genaue Beobachtung dieser Strukturen kannst du jedem Erleben alle polarisieren-

de Energie entziehen. Das gelingt dir einfach dadurch, indem du aufhörst, Dinge und Geschehnisse zu bewerten und sie stattdessen neutral betrachtest.
Auf diese Weise kannst du die Konzeptkrankheit immer wieder entlarven und sie stets schwächer werden lassen.

Wenn du mitten im spirituellen Prozess bist, wirst du nach und nach erkennen, dass dein ganzes bisheriges Leben aus Konzepten bestanden hat.

Am Ende des Prozesses aber weißt du ohne jeden Zweifel, dass alle Konzepte Illusion waren. Dann ist aus sich selbst heraus klar, dass es nur das Eine gibt: das Eine, das sich als verschiedene Konzepte zeigt; das Eine, das sich als Illusion zeigt; das Eine, das sich als Prozess zeigt; das Eine, welches das ist, was du suchst und was du gleichzeitig bist.

Du bist die Einheit. Du bist das Sein. Es gibt nur dich.
Dich, als Mensch-Sein, als denkendes Sein, als fühlendes Sein, als suchendes Sein, als findendes Sein. Dich als Welt, dich als Grashalm und dich als all die geträumten Zustände von Leben, Vergänglichkeit und Tod.

Auf verblüffende Weise ist nichts weg, nichts anders und nichts neu. Alles ist, wie es war, aber nun wird alles richtig gesehen. Jetzt siehst du die Welt, wie sie wirklich ist.

Du siehst sie als das Sein, das du bist, als Einheit, als Wahrheit, als das Göttliche, als bedingungslose Liebe, in der alle Konzepte und Widersprüche aufgehen.

Die Offenbarung aus sich selbst heraus

Was bedeutet es, dass das Sein, aus sich selbst heraus, ohne jede Erklärung, klar ist?
Wie kann etwas klar sein, ohne dass es eine Erklärung gibt?

Wenn ein Baby das Licht der Welt erblickt, lebt es in dem grenzenlosen Raum von Einheit, Freiheit und bedingungsloser Liebe.
Zwar ist es mit einem genetischen Code ausgestattet, und bereits im Mutterleib beginnen auch Prägungen, so dass ein Baby entsprechende Veranlagungen mitbringt.
Aber es hat keine zu bewältigenden Themen, es ist ihm egal, ob die Sonne scheint oder ob es regnet, und es hat keine Ängste, dass es vielleicht einmal nicht genügend zu essen gibt oder es womöglich seinen Traumpartner nicht finden wird.
Es fühlt sich auf einer elementaren Ebene getragen, geborgen und versorgt, es hat Himmel und Erde, es ist das Sein. Diese Herzensgewissheit ist ihm jederzeit spür- und fühlbar.

Mit dem 3. Lebensjahr wird das gedankliche Ich geboren, und dein Einheitsempfinden wird abgelöst vom Gefühl, dass du dein Körper bist, dass du deine Gedanken denkst und von dir geplante Handlungen ausführst.
Du glaubst jetzt, am Leben zu sein, sterben zu

können und fürchtest die Vergänglichkeit.
Sätze, in denen Wörter vorkommen, wie „müssen“, „brauchen“ und „haben“ bekommen eine große Bedeutung.

Das Ich beginnt also, Ideen zu entwickeln und Glaubenssätze zu festigen, die es glücklich machen sollen. Es denkt in linearer Logik, mit der das Gehirn arbeitet, dass es X schaffen muss, um Y zu erreichen.

Dabei kann sich Zweierlei zeigen: zum Einen kann es sein, dass die Erwartungen sich nicht realisieren und andere Dinge als die gewünschten eintreten.
Zum Anderen ist es möglich, dass die Ereignisse zwar ziemlich genau den Erwartungen entsprechen – aber trotzdem nicht für das Glück sorgen, dass das Ich sich davon erhoffte.

Beides sind also recht enttäuschende Ergebnisse.

Trotzdem führen derartige Misserfolge nur selten zum Hinterfragen und Verändern der geistigen Haltung. Meistens werden die Fehlschläge rationalisiert und beispielsweise damit begründet, dass äußere Umstände für das

Scheitern zuständig sind, oder dass die eigene Strategie noch nicht gut genug war und überarbeitet und verfeinert werden muss.
So werden fortlaufend neue Modelle und kompliziertere Konstellationen erdacht, im Wunsch, endlich das ersehnte Glück herbeiführen und erleben zu können.

Falls dir kein plötzliches Erwachen geschieht, wie es bei vielen bekannten Lehrern der Fall war und du die Einnahme von bewusstseinserweiternden Drogen oder Alkohol wegen der damit verbundenen Risiken ablehnst – dann beschließt du vielleicht, dich nun verstärkt der Spiritualität zu widmen, zu meditieren, einen spirituellen Lehrer aufzusuchen oder zu einem Satsang zu gehen.

In einem solchen Umfeld ist zwar die Wahrscheinlichkeit groß, dass du gute Erfahrungen machst, aber trotz all deiner scheinbaren Fortschritte bleibt das Gefühl, dass noch ein Zentrum da ist, ein Ich, und alles Erleben wird auf dieses Ich bezogen: Ich atme. Ich lebe. Ich erfahre.

Wenn das Ich stillsitzt und lauscht, kann es passieren, dass es zu verschwinden scheint und plötzlich das Sein offenbar wird – bis zu genau dem Moment, in dem das Ich sich wieder einmischt, um das Erleben in irgendeiner Form zu gestalten oder zu kommentiere.

Wenn du dich beispielsweise freust, dass du heute schon für 5 Minuten im Einheitsempfinden gewesen bist und dir vornimmst, es morgen noch besser zu machen und vielleicht 10 Minuten zu schaffen – dann gibst du dich nicht einfach dem gegenwärtigen Augenblick hin, sondern beschäftigst dich damit, das, was du bereits erreicht hast, mit dem abzugleichen, was du gern erreichen möchtest.
Dieses mentale Vergleichen, Bewerten und Beurteilen katapultiert dich zuverlässig aus dem gegenwärtigen Moment in eine nicht reale Zukunft.

Auf diese Weise können Jahre vergehen, in denen du dich bemühst, etwas zu halten oder zu verbessern, auf das du keinen Zugriff hast.

Und ganz unerwartet und überraschend mag es passieren, dass das Sein, die Einheit, der Frieden - wie immer du es nennen möchtest – plötzlich da ist, noch ehe du dir vorgenommen hast, etwas dafür zu tun.
Das ist der magische Moment, in dem du realisierst, dass das Sein schon ist, bevor das Ich es

realisiert.

Diese entscheidende Erkenntnis macht es überflüssig, dich nach alten Vorstellungen auszurichten, die dich glauben ließen, du könntest etwas Bestimmtes tun, um etwas Gewünschtes zu bekommen.
Zusätzlich begreifst du plötzlich, dass es nicht einmal nötig ist, etwas loszulassen, um etwas anderes zu erreichen.

Das Sein ist, wie es ist, und es offenbart sich weiterhin aus sich selbst heraus, jenseits aller Gedanken von tun oder nicht tun.

Wenn dein Weg so oder so ähnlich wie der hier beschriebene verläuft und kein spontanes Erwachen geschieht, dann ist es erfahrungsgemäß die größtmögliche Unterstützung, regelmäßig Satsangs und spirituelle Veranstaltungen zu besuchen.

In der Präsenz, in die du dort eintauchst, wirkt das Sein sehr spürbar und kann sich scheinbar fortwährend vertiefen, sodass dir immer klarer wird, dass jede Trennung eine Illusion ist, und dass es nur deine Gedanken sind, die das Gefühl erzeugen, du seist ein vom Rest der Welt getrenntes Individuum, das handeln oder nicht handeln kann.

Es wird dir immer deutlicher, dass es in Wirklichkeit nur das Sein gibt, welches Alles und Nichts gleichzeitig ist – so wie es ein buddhistischer Text im Herz-Sutra zusammenfasst: Form ist Leerheit und Leerheit ist Form.

Am Anfang fühlt es sich so an, als sei der Frieden in dir, in deinem Herz, so dass du dich nach innen wenden musst, um ihn dort zu finden und zu spüren.
Nach und nach aber hört das Gefühl auf, dass der Frieden in dir ist und du ihn dort finden könntest, denn je mehr das Sein sich aus sich selbst heraus offenbart, desto weniger halten sich Gefühle, die einer Illusion entspringen.

Dann bist du hauptsächlich in der Stille.
Es ist eine überaus präsente und lebendige Stille, die keine Abwesenheit von Geräuschen voraussetzt.
Sie kann, völlig unabhängig von deinen Tätigkeiten, den ganzen Tag halten und bis in die Nacht reichen. Den Tiefschlaf wird sie nicht erreichen, aber deine Träume kann sie berühren. Und morgens, kurz bevor du deine Augen öffnest, ist sie schon da und umhüllt dich.

So wohltuend dieser Zustand sich anfühlt, ist er doch ein Hinweis darauf, dass noch ein subtiles Zentrum vorhanden ist, eine Instanz, die alles, was sie wahrnimmt, aus der Ich-Perspektive kommentiert.

Allerdings können Ratlosigkeit und Stress vorbei sein, die dich immer dann quälen, sobald du zu entscheiden versuchst, ob du es nun so ist, dass du etwas tun kannst, oder so, dass du nichts tun kannst. Dieser belastende Konflikt ist einem umfassenderen Erkennen gewichen.

Wenn du dann Yoga machst, deine Chakren reinigst, dich gesund mit hochwertigen Lebensmitteln ernährst und Praktiken der geistigen Hygiene betreibst, ist dir klar, dass nicht du es bist, der etwas tut, sondern dass das, was geschieht, von selbst als das Sein geschieht. Das ist Tun im Nichttun auf dem weglosen Weg.

Immer noch ist da aber ein Zentrum, das sich all dessen stets gewahr ist.
Wie nun kann es dir gelingen, dieses Zentrum zum Verschwinden zu bringen?
Mit deinem Verstand und dessen Ideen?
Niemals. Der Verstand und dessen Ideen ha-

ben dich ja in genau die Lage gebracht, der du entkommen möchtest.

Indem du einfach nur still dasitzt?
Auch das funktioniert nicht, denn wenn du still dasitzt, ist immer noch das Gewahrsein da, dass du still dasitzt.

Wie also kannst du erreichen, dass das Zentrum, das letzte Hindernis, verschwindet?

Gar nicht.

Ja. Du liest richtig. Es wird dir nicht gelingen, das Zentrum, das letzte Hindernis, zum Verschwinden zu bringen.

Buddha hat es nicht zum Verschwinden gebracht. Jesus hat es nicht zum Verschwinden gebracht, kein einziger spiritueller Lehrer hat es jemals geschafft, das Zentrum zum Verschwinden zu bringen.
Manche erzählen zwar genau dies, was allerdings entweder als Marketing-Maßnahme betrachtet werden kann, oder das (unfreiwillige) Eingeständnis eines Irrtums ist.

Natürlich fragst du dich nun, wie denn die Lösung aussehen kann, denn irgendetwas muss

zwingend passieren, sonst wird die Identifikation ja nicht enden.
Um die Antwort wahrhaft verstehen zu können, musst du erkennen, dass keines von allen Ereignissen irgendetwas mit dir zu tun hat.
Weder dein Tun oder Nichttun, noch dein Sitzen oder Warten spielen irgendeine Rolle.

Das, was passieren kann, ist in keiner Weise davon abhängig, für was du dich hältst und welches Bild du von dir hast. Es ist komplett egal, wie viel du gelesen und gehört hast, ob du dich am Anfang siehst, oder für fortgeschritten hältst. Das alles ist völlig unerheblich.

Das, was passieren kann, ist, dass das Geheimnis jederzeit offenbar werden kann, ohne je einen Weg gehabt zu haben.
Es kann sich bei einem Satsang offenbaren, es kann sich während einer Meditation offenbaren, und es kann sich beim Schälen einer Zwiebel offenbaren.

Eben noch hast du geglaubt, das Sein zu fühlen – doch auf einmal spürst du eine entscheidende Verschiebung: aus dem Fühlen des Seins, das dich glauben lässt, du seist das Sein, weil du es ja gefühlt hast, wird plötzlich klar, dass nicht du das Sein bist, sondern dass das Sein sich als du zeigt.

Diese Verschiebung ist nicht dein Verdienst und nicht das Resultat deiner Anstrengungen.
Das Zentrum, für das du dich gehalten hast, hat nicht das Geringste damit zu tun.
Die Verschiebung passiert aus sich selbst heraus. Dafür kannst du weder etwas tun, noch etwas nicht tun.

Das Sein, das du zu spüren glaubtest, sieht dich nicht und kennt dich nicht.
Es sieht und kennt nicht einmal sich selbst, denn um etwas zu erkennen, braucht es etwas, das erkannt werden kann, braucht es etwas Zweites.
Das Sein aber ist absolut. Es ist alles, was ist.
Es gibt nichts außerhalb des Seins.
Es ist ohne Zweites und es ist du.

Im Absoluten gibt es keinen besseren oder schlechteren Weg. Es gibt weder dual noch non-dual. Es gibt nichts Erleuchtetes und nichts Unerleuchtetes.

Es gibt nur das, was ist, und das ist das Sein.

Du hast eine Zeitlang geglaubt, dass das, was

da ist, von dir erzeugt werden kann.
Dann hast du bemerkt, dass das nicht stimmt, sondern dass das, was da ist, *immer* da ist, ganz ohne dein Zutun, schon morgens, bevor du aufwachst.

In Wahrheit war es schon immer so, nur hast du es nicht erkannt, weil du mentalen Konzepten verhaftet warst, die dafür gesorgt haben, dass du die Wahrheit ständig übersiehst.

Genau das ist es, was die Weisen meinen, wenn sie von dem Ende der Identifikation sprechen.
Sie sprechen nicht von dir. Sie sprechen auch nicht von Buddha oder Jesus, denn es gab nie einen Buddha und nie einen Jesus.
Es gibt nur das Sein, das als Buddha oder Jesus oder du geschieht.
Es gibt nur die Einheit, die als Leben geschieht und das Leben, das als Einheit passiert.

Das Sein ist ein Mysterium: es passiert so, dass du glaubst, jemand zu sein, dann erkennst du, nichts zu sein, und letztlich wird dir klar, dass du Alles bist – nur dass du, in der von dir geglaubten Version, nicht mehr stattfindest.

Deine gesamte Vergangenheit, deine jahrelange Suche, all deine Bemühungen und deine Gefühle waren bereits das, wonach du dich immer gesehnt hast: Einheit und bedingungslose Liebe, die das Sein ist.

Es ist nicht nötig, eine Höhle in Indien zu bewohnen oder einen Berggipfel in Nepal zu erklimmen, um die Einheit zu finden – du kannst in deinem Zimmer bleiben und ein Glas Wasser trinken: auch das ist die Einheit.
Ob du zu einem Satsang gehst oder zu Hause bleibst: beides ist das Gesuchte.

In diesem Wissen liegt eine wunderbare Entspannung, denn du bist immer richtig.
Solange die Einheit passiert, als ein Ich, das glaubt, die Einheit zu suchen – kannst du die Suche genießen!
Solange die Einheit passiert, als ein Ich, das glaubt, durch die Teilnahme an Satsangs Fortschritte zu machen – kannst du die Satsangs genießen!
Du kannst nichts falsch machen, denn es ist unmöglich, dass du irgendetwas machen könntest, was nicht die Einheit wäre.

Dies kannst du dir immer wieder vergegenwärtigen und dich in diesem Wissen dem gegenwärtigen Moment hingeben; genieße das, was du tust, ebenso wie das, was du nicht tust.

Alles, was ist, und alles, was geschieht, ist das Göttliche.
Das Göttliche ist makellos, absolut, perfekt und vollkommen.
Das Göttliche bedeutet auch die Aufhebung von Vergangenheit, Gegenwart und Zukunft, es ist leer von allen Vorstellungen und Konzepten, es ist der Raum, in dem die Logik und das Paradoxe kein Widerspruch sind.

Es ist das ewige Leben, von dem Jesus sprach.

Es ist das ewige Sein, das Alles und Nichts ist, das auch schon im Nicht-Erkennen das Sein war und im scheinbaren Erkennen immer noch das Sein ist.

Kannst du dir aber sicher sein, dass das, was hier steht, auch wirklich die Wahrheit ist?

Nein. Du kannst dir dessen nicht sicher sein.

Es wäre es dir auch gar nicht dienlich, einfach etwas zu glauben, was du hier oder woanders liest.
Worte anderer geben Erfahrungen, Reflexionen und Einstellungen anderer wieder – und

haben deshalb mit dir und deiner ureigenen Wirklichkeit nichts zu tun.
Wirkliche Gewissheit kannst du immer nur dann erlangen, wenn du Einsichten und Aussagen anderer Menschen hinter dir lässt und alles für dich selbst prüfst.

So sind auch die Worte des Buddha zu verstehen: sei dein eigenes Licht.
Damit forderte er seine Anhänger liebevoll auf, niemandem blind zu vertrauen und nachzufolgen, sondern alles zu prüfen, um die Wahrheit selbst herauszufinden.

Die Wahrheit ist das Licht.
Und wenn sich die ewige Wahrheit offenbart, dann weißt du, dass nichts jemals passiert ist. Dass alles schon immer die Einheit war, dass es außer der Einheit nichts gibt und dass du das bist.

Die Erkenntnis, dass es letztlich keine Erkenntnis gibt

Nachdem du nun langsam, achtsam und mit offenem Herzen bis hierher gelesen hast, wirst du spürend wissen, dass es einen Raum gibt, in dem es still ist.

Einen Raum, der leer ist von Erwartungen, von Vorstellungen und Konzepten.
Es ist der Raum, in dem nur die Wahrheit existiert, und in dem nur das zu finden ist, was du in Wirklichkeit bist.

Das, was du in Wirklichkeit bist, ist nicht verschieden von den unzähligen Sternen am Nachthimmel, dem Gesang der Vögel, dem weichen Licht einer Kerze oder dem Straßenverkehr in einer Großstadt.

Mystiker aller Zeiten und aller Religionen haben sich mit dieser Wahrheit verbunden und ihr auf poetische Weise Ausdruck gegeben. Meister Eckhart schrieb: das Auge, mit dem ich Gott sehe, ist dasselbe, mit dem Gott mich sieht.

Alles ist dasselbe Eine.
Es ist eine große Herausforderung, dich wahrhaft auf dieses Buch einzulassen, denn nur, wenn du bereit bist, dualistische Denk- und Sichtweisen aufzugeben, kannst du erleben,

dass es dich nicht nur auf intellektueller Ebene erreichen kann, sondern ein tiefes Wissen in dir berührt und damit dein Gespür bestätigt, dass es Ebenen, weit über den Verstand hinaus, gibt.

Das Ziel dieser Buches ist es, dass du ein immer umfassenderes Verständnis dafür entwickeln kannst, dass es den Raum der Stille wirklich gibt, wie er beschaffen ist und wie er dir auf eine Weise spürbar wird, die nichts mit dem Intellekt zu tun hat.

Der Intellekt kann in diesem Fall die Funktion eines Fingers haben, der auf den Mond deutet. Wenn der Fingerzeig aber nicht verstanden wird, wenn du nicht einsiehst, dass es um den Mond geht - dann beschäftigst du dich mit der Erforschung des Fingers.

Das wunderbare am Verstand ist, dass er seine Grenzen kennt - er kann dich also auf etwas hinweisen, das jenseits seiner selbst ist, und wenn du seinen Hinweisen folgst, kannst du ihn hinter dir lassen und in den Raum der Stille gelangen.
Dieser Raum ist weder Raum noch Nicht-Raum, und er ist weder still noch nicht-still.
Er ist Alles und Nichts, er vereint alle schein-

baren Widersprüche und ist das Meer aller Möglichkeiten.
Er ist ein sicherer Ort des Friedens, das Tor zur Wahrheit und zum ewigen Leben, denn er ist bedingungslose Liebe.

Wenn du in diesem Raum bist und das Sein dir offenbar ist, dann verstehst du plötzlich, dass alles, was du früher geglaubt, gedacht und dir vorgestellt hast, nicht dazu geeignet war, die unfassbare Süße und Seligkeit, der du jetzt gewahr wirst, auch nur andeuten zu können.

Dann ist mit unerschütterlicher Gewissheit klar, dass du das Sein, den Frieden, die Einheit nicht erlebst, ausbaust und vertiefst, sondern dass du Sein, Frieden und Einheit *bist*.

Dann weißt du, dass es ebenso wenig ein Buch gab, durch dessen Lektüre das Erkennen unterstützt wurde, wie es auch nie einen unermüdlich arbeitenden Verstand gab, der durch mentale Erkenntnisse nach Lösungen strebte.

Es gibt nur das Sein, das gleichzeitig Buch, Erkenntnis und Lösung ist, das Sein, das auch als Identifiziert-Sein geschehen kann.
Das identifizierte Sein zeigt sich als das gedankliche Konzept eines Menschen, der glaubt

Gefühle und Empfindungen zu haben, der überzeugt ist, aus freiem Willen handeln zu können, der sich für vergänglich hält, der meint, er sei ein kleiner unbedeutender Teil der Welt, und der von der Notwendigkeit überzeugt ist, um sein Überleben kämpfen zu müssen.

Und trotz dieses erschöpfenden Zustandes, trotz der schmerzhaften Gefühle von Einsamkeit und Getrenntheit, trotz aller Ängste, Unsicherheiten und Sorgen ist auch dies das Sein.

Es ist das Sein in einer unerkannten Form, aber dennoch das Sein; denn auch, wenn etwas nicht erkannt wird, ändert sich nichts an seiner Gültigkeit.

Wenn es nur das Sein gibt – wie könntest du dann etwas anderes sein?
Nicht du, als das, wofür du dich hältst. Nicht du als Person mit Adresse, nicht du, als unabhängiges Individuum, und nicht du, als Körper-Geist-System.

Sondern als das Sein, das sich als Du zeigt, das Sein, das sich als Person, als Individuum und als Körper-Geist-System zeigt.

Wenn du dich den Impulsen dieses Buches bereitwillig öffnest, dann ist es dir möglich, über die dualistische Logik des Verstandes hinauszugehen und nun mit der Weisheit des Herzens zu verstehen.

Du brauchst keine Angst mehr zu haben, dass die Art, wie du lebst, womöglich falsch ist und musst dich nicht mehr fragen, ob es dir wohl gelingen wird, deine wahre Bestimmung zu finden.

Du verstehst, dass du nichts schaffen und nichts erreichen musst, und dein Vertrauen in die Heiligkeit all dessen was ist, kann immer tiefer werden.

Denn du erkennst, dass niemals ein Ich existiert hat, das irgendwann sagen könnte, es sei lange Zeit dem Ego-Gedanken verhaftet gewesen, habe es aber nun endlich geschafft, zu erleuchten.

Es gibt nur das Sein. Das absolute Sein, das einem ruhigliegenden See vergleichbar ist.

Alle Wellen, die sich jemals im See geformt haben, und auch diejenigen, die sich noch erheben werden, lassen sich gleichzeitig als das stillliegende Wasser betrachten.

Es gibt keine einzige Welle, die nicht das jetzt stillliegende Wasser ist.

Mit paradoxer Logik ließe sich sagen, dass du jetzt die Erkenntnis gewonnen hast, dass es letztlich keine Erkenntnis gibt.
Es gibt nur das Sein, in dem alle scheinbaren Erkenntnisse aufgehen.

Und genau das weißt du in diesem Moment.
Alles, was je war, ist und sein wird, ist das Sein.

Es gab nie spirituelle Lehrer, Gurus und Meister. Nie gab es verschiedene Lehren mit unterschiedlichen Grundlagen, und nie gab es ein Ich, für das es von größter Wichtigkeit war, den richtigen Weg zur Erleuchtung zu finden.

Es gibt nur das Sein, das sich in tausend Formen verstecken kann und doch in Allem zu erkennen ist.
Alles ist erleuchtet, und alles ist Ausdruck unendlicher Liebe, perfekter Balance und vollendeter Schönheit.

Es sieht aus, als sei der Wandel das einzig Beständige, und alles scheint sich unablässig zu verändern.
Tage summieren sich zu Wochen und Jahren, Handlungen beginnen und enden, Worte werden gesprochen und verklingen, Formen ent-

stehen und vergehen – aber all das geschieht als das Sein, und tief im Strom vollkommenen Verstehens weißt du: nichts ist je passiert.

Alles ist unveränderliche Einheit. Alles ist Du. Alles ist das leuchtende Strahlen bedingungsloser Liebe.